BEI GRIN MACHT SICH IH
WISSEN BEZAHLT

- Wir veröffentlichen Ihre Hausarbeit,
  Bachelor- und Masterarbeit

- Ihr eigenes eBook und Buch -
  weltweit in allen wichtigen Shops

- Verdienen Sie an jedem Verkauf

Jetzt bei www.GRIN.com hochladen
und kostenlos publizieren

Bibliografische Information der Deutschen Nationalbibliothek:

Die Deutsche Bibliothek verzeichnet diese Publikation in der Deutschen National-
bibliografie; detaillierte bibliografische Daten sind im Internet über http://dnb.d-
nb.de/ abrufbar.

Impressum:

Copyright © 2018 GRIN Verlag
Druck und Bindung: Books on Demand GmbH, Norderstedt Germany
ISBN: 9783668657212

Anne Lindemen

Ist das bedingungslose Grundeinkommen gerecht?

John Rawls´ Differenzprinzip

GRIN Verlag

Inhaltsverzeichnis

1. Einleitung

Eine Festanstellung mit dreißig Wochenstunden, Schicht- und Wochenendarbeit, einen zu führenden Haushalt, Familie und die Existenzangst im Hinterkopf - dies sind die Bedingungen für mein Studium, welches ebenfalls im Durchschnitt zwanzig Wochenstunden in Anspruch nimmt. Dass ich nicht jeder Tätigkeit in vollem Umfang gerecht werden kann, ist vorhersehbar. In der Realität bleibt das Studium auf der Strecke, zu dessen Finanzierung die Festanstellung per se gedacht war.

Vielen Menschen in Deutschland ergeht es ähnlich. Für die Existenzsicherung werden sich bietende Chancen, ob berufliche Weiterbildung, die Gründung einer Familie oder die Entfaltung der eigenen Persönlichkeit, aufgegeben. In Lohn und Brot stehen hat oberste Priorität – ob gewollt, oder ungewollt.

Bereits seit Jahrtausenden gab es in der Geschichte immer wieder Überlegungen, inwieweit eine Möglichkeit geschaffen werden könnte, die Menschen von diesem Zwang zu befreien. Die Umstrukturierung der Arbeitswelt im 21. Jahrhundert wirft diese Frage verstärkt auf und findet Lösungsansätze in den verschiedenen Modellen des bedingungslosen Grundeinkommens (im folgenden BGE genannt).

Anliegen der vorliegenden Arbeit ist nicht eine ausführliche Erläuterung der bestehenden Konzepte oder einen Vergleich dieser. Vielmehr ist es das Ziel, den Begriff der Gerechtigkeit darzustellen und die Definition dessen am Beispiel des Konzepts des „emanzipatorischen bedingungslosen Grundeinkommens" zu vergleichen, um am Ende die Frage beantworten zu können: ist das bedingungslose Grundeinkommen gerecht?

Es ist nicht pauschal zu beantworten, ob ein BGE gerecht ist, oder nicht, da der Begriff der Gerechtigkeit abstrakt ist. Der Amerikaner John Rawls setzt sich in seinem Werk „Eine Theorie der Gerechtigkeit" mit der Deutung des Begriffs auseinander. Da dieses Werk durch sein Erscheinungsjahr der aktuellen Diskussion am nächsten und die umfangreichste Auseinandersetzung mit dem Begriff der Gerechtigkeit ist, bildet es die Grundlage für die Überprüfung der genannten Problematik.

2. Das bedingungslose Grundeinkommen

Da sich diese Arbeit mit der Frage nach der Gerechtigkeit des bedingungslosen Grundeinkommens (BGE) beschäftigt, soll zu Anfang auf das Konstrukt als solches eingegangen werden.

Zur besseren Veranschaulichung und Bearbeitbarkeit wurde ein bestehendes Konzept genutzt, welches gleichzeitig als Beispiel dafür dient, dass allein die Einführung einer monetären Grundsicherung nicht ausreichend ist.

2.1. Geschichte des BGE und heutiger Stand

Die Idee, Existenzangst abzuschaffen, um damit Platz für die Bildung und Entfaltung des Individuums für die Gesellschaft/den Staat zu bieten, ist nicht neu. Schon in der Antike gab es Modelle, die den heutigen Vorstellungen ähnlich sind. Bereits um 700 v. Chr. gelang es Lykurg, die Spartiaten zu einer Neuordnung ihres Staates zu bewegen. Seine Gesetze regelten die Verteilung von Land und Besitztum neu und gerecht unter allen Spartiaten. Ebenfalls wurde das Geld entwertet, wodurch Habgier eingedämmt und Bestechung, Raub oder Diebstahl unattraktiv wurden.[1]

Bis zur heutigen Zeit ist die Grundlage der Idee des Grundeinkommens das Bestreben nach einer gesicherten Existenzgrundlage. Doch erst mit der Entwicklung durch Humanismus und Aufklärung und der Französischen Revolution konnte sich die Idee des heutigen Grundeinkommens entwickeln.[2]

In Deutschland bildet das „Netzwerk Grundeinkommen" einen Zweig des „Basic Income Earth Network", welches sich in der Aufklärungs- und Öffentlichkeitsarbeit engagiert und die aktuellen Modelle des BGE vorstellt.

Auf der Homepage des Netzwerks wird das Grundeinkommen wie folgt definiert:

„Ein Grundeinkommen ist ein Einkommen, das eine politische Gemeinschaft bedingungslos jedem ihrer Mitglieder gewährt. Es soll:

- die Existenz sichern und gesellschaftliche Teilhabe ermöglichen,

- einen individuellen Rechtsanspruch darstellen sowie

- ohne Bedürftigkeitsprüfung und

---

[1] Vgl. Kapitel 2; Burian (2006)
[2] Vgl. Kapitel 8.2 ff; Burian (2006)

- ohne Zwang zur Arbeit oder anderen Gegenleistungen garantiert werden."[3]

Das BGE unterscheidet sich damit von den derzeitigen staatlichen Transferleistungen, die als Grundsicherungen existieren. Aktuell werden Transferleistungen nur selektiv gewährt. Anhand von Kriterien, wie zum Beispiel der Bedürftigkeit, Arbeitsbereitschaft und Gesundheit, wird eine Selektion vorgenommen und der Fokus einzig auf das bestehende Defizit der Gesellschaftsmitglieder gelegt.[4]

Synonym für das bedingungslose Grundeinkommen werden verschiedene Begrifflichkeiten benutzt. Doch nicht alles ist laut Definition auch ein bedingungsloses Grundeinkommen. So wird bei Blaschke unterschieden in Grundsicherung, partielles Grundeinkommen und bedingungsloses Grundeinkommen.[5]

Auf Grund dessen gibt es derzeit mehr als zwanzig verschiedene Modelle. Das folgende ist ein bedingungsloses Grundeinkommen und soll deshalb als Beispiel dienen.

2.2. Das emanzipatorische bedingungslose Grundeinkommen der BAG DIE LINKE

Das Konzept der „BAG Grundeinkommen in und bei der Partei DIE LINKE" versteht sich als „Vorschlag zum Umbau des bestehenden erwerbszentrierten sozialen Sicherungssystems und zu dessen Finanzierung sowie zur Transformation der Gesellschaft in eine Zivilisation, die kapitalistische und patriarchalische Herrschaftsverhältnisse überwunden hat."[6]

Folgende Punkte charakterisieren dieses Konzept:

betreffender Personenkreis:

-   alle Menschen mit Erstwohnsitz in Deutschland,
-   Abschaffung des Status „Illegal" und „Wohnungslos"

---

[3] Netzwerk Grundeinkommen
[4] Vgl. Kapitel 1.4; Blaschke, Otto und Schepers
[5] Vgl. S.317; Blaschke et al.
[6] Wolf und Blaschke (2016, S. 29)

Höhe der Transferleistungen:

- 1000 € pro Person - ohne weitere Einkünfte sind sie kostenfrei in der Kranken- und Pflegeversicherung versichert,
- 500 € für Personen bis zum 16. Lebensjahr - ohne weitere Einkünfte sind sie ebenfalls kostenfrei in der Kranken- und Pflegeversicherung versichert,
- Höhe des BGE soll gleich 50% des Volkseinkommens sein

andere Transferleistungen:

- bestehen bleibt weiterhin Anspruch auf Mehrbedarf für z. Bsp. Schwangere, chronisch Kranke, Menschen mit Behinderung,
- bestehen bleibt auch das Wohngeld,
- abgeschafft werden Sozialleistungen wie z. Bsp. Kindergeld, BAföG, Sozialhilfe, Alters- und Erwerbsminderungsrente, Erziehungsgeld

Sozialversicherungssystem:

- Rentensystem
  - o besteht aus Basisrente (BGE) plus BürgerInnenzusatzversicherung,
  - o finanziert durch 7% Abgabe auf alle Bruttoprimäreinkommen (paritätisch Arbeitgeber und Arbeitnehmer),
  - o Berechnung der Rente erfolgt wie heute nach Punktesystem,
  - o Renteneintrittsalter: 60 Jahre (für jeden zusätzlichen Arbeitsmonat erhöht sich der Rentenzahlbetrag)
- Kranken- und Pflegeversicherung
  - o Umbau zur gesetzlichen BürgerInnenversicherung,
  - o Abschaffung der privaten Versicherungen und Integration in die gesetzliche BürgerInnenversicherung,
  - o einheitliche Abgabe von 14% (paritätisch Arbeitnehmer und Arbeitgeber),
  - o besondere Regelungen gelten für Selbstständige,
  - o die Beitragsbemessungsgrenzen werden abgeschafft

zusätzliche Regelungen:

- Grundeinkommen ist voll kumulierbar,
- Grundeinkommen und andere Transferleistungen bleiben steuerfrei,

- jeder hat Anspruch auf ein kostenfreies, pfändungssicheres (Höhe des BGE) Konto
- stärkere Belastung von Kapital, Vermögen und hohem Einkommen,
- Bereitstellung von kostenfreier Bildung.[7]

2.3. Entkopplung von Einkommen und Arbeit – der erwünschte Effekt

Wie beim emanzipatorischen Grundeinkommen zu sehen, ist die Einführung des BGE mit einer Umformung des gesamten Sozialstaats verbunden. Einzig die monetäre Absicherung der Menschen bringt nicht den gewünschten Effekt.

Der gewünschte Effekt, den die Befürworter des BGE sehen, ist die freie Entfaltung der Talente eines Jeden, da sie nun dazu in der Lage sind, sich ihren Arbeitsplatz ohne Zwang zu suchen und bei diesem ihre Potentiale entfalten könnten, ist doch ihre Grundabsicherung gewährleistet.

Es würde ein Arbeitsmarkt entstehen, der die Macht nicht allein in die Hände der Arbeitgeber legt, sondern in dem Arbeitgeber und Arbeitnehmer frei über die Arbeitsbedingungen und die Entlohnung verhandeln können.

Das Argument, nach dem mit der Einführung des BGE viele Menschen nicht mehr arbeiten würden, entkräften sie durch die intrinsische Motivation eines jeden Menschen, nach der der Mensch nicht allein aus Gründen der Not arbeiten gehen würde, sondern um Teil der Gemeinschaft zu sein, auch um sich selbst zu verwirklichen. Dies könnte die Effizienz der Arbeitsleistung erhöhen und ebenfalls wären die Arbeitgeber gezwungen, Arbeiten, die wenig attraktiv sind, aber einen hohen Nutzen für die Gesellschaft haben, besser zu bezahlen.[8]

---

[7] Wolf und Blaschke (2016, vgl. S. 29-51)
[8] Netzwerk Grundeinkommen (vgl. Fragen und Antworten)

3. Rawls´ Gerechtigkeitsprinzip

Mit der Veröffentlichung seines Werkes „Theory of Justice" im Jahr 1971 bewirkte der US-amerikanische Philosoph John Rawls (1921-2002) eine Renaissance der politischen Philosophie.

„Dieses schwergewichtige Buch präsentiert auf sechshundert Seiten die argumentativ dichteste und elaborierteste Theorie der Gerechtigkeit, die in der Geschichte der praktischen Philosophie bis heute entwickelt worden ist."[9]

In diesem Abschnitt sollen die Vorstellungen Rawls´ kurz erörtert werden, um die Basis für die Beantwortung der Frage zu schaffen, ob nach Rawls´ Differenzprinzip das bedingungslose Grundeinkommen als gerecht angesehen werden kann.

3.1. Der Urzustand

Ausgangspunkt für Rawls´ Gerechtigkeitsgrundsätze bildet das fiktive Konstrukt "Urzustand" (original position). Im Unterschied zur klassischen Vertragstheorie ist Rawls´ Urzustand nicht mit dem Naturzustand gleichzusetzen. Er zielt mit seinem Konstrukt auf keinen vorstaatlichen oder vorsozialen Zustand ab, indem sich Individuen auf eine staatliche Ordnung einigen, sondern "der rechtfertigungstheoretische Charakter der Entscheidungsfindung steht im Vordergrund."[10]

Der Urzustand ist also Mittel zum Zweck, um auf die, von ihm verfassten, Gerechtigkeitsgrundsätze zu kommen.

Die Parteien sind durch den Schleier des Nichtwissens (veil of ignorance) alle in der gleichen Position, da niemand weiß, welche Rolle er in der späteren Gesellschaft einnehmen wird. Zu dieser Situation gehört auch, dass keiner Kenntnis über seine biologischen Ressourcen wie Intelligenz oder Körperkraft hat, ebenso wenig darüber, in welche Familie, in welchen Stand er geboren wird.[11] In diesem Urzustand sollen die Mitglieder, den für sich und alle Anderen, besten Weg eines Zusammenlebens finden.[12]

---

[9] Kersting (2001, S. 7)
[10] Frühbauer (2007, S. 46)
[11] Rawls (1994, vgl. S. 29)
[12] Rawls (1994, vgl. S. 141)

Dies bedeutet, die Mitglieder entscheiden über das Wohl der Schwächsten, Ärmsten, Kranken, nicht zwingend im Sinne von Mitgefühl, sondern aus der Befürchtung heraus, selbst betroffen sein zu können und dem Wunsch, in dieser Situation gerecht und fair behandelt zu werden.

Dennoch haben die Parteien einen Gerechtigkeitssinn, der sie nicht nur befähigt eine Entscheidung im Sinne der beiden Gerechtigkeitsgrundsätze zu treffen, sondern diese auch nach dem Lüften des Schleiers des Nichtwissens, beizubehalten.13

3.2. Das Differenzprinzip

Die Ungleichverteilung kann, unter bestimmten Voraussetzungen, noch dem Anspruch der Gerechtigkeit als Fairness entsprechen, wenn sie dadurch der gesellschaftlichen Produktivitätssteigerung dient.

Da sich Grundgüter in einer arbeitsteiligen Kooperation vermehren lassen, können sich die Parteien im Urzustand nicht für eine rein egalitaristische Verteilung entscheiden. Durch das ökonomische Basiswissen der Beteiligten ist klar, dass kooperative Grundgütervermehrung auch Ungleichheit birgt.

Dennoch profitieren alle Beteiligten dadurch, wenn sie nur ein gewisses Ungleichheitsmaß akzeptieren.

Kersting schreibt dazu, dass das Differenzprinzip ein Erlaubniskriterium für sozioökonomische Ungleichheit sei.[14]

„Soziale und wirtschaftliche Ungleichheiten sind so zu gestalten, dass (a) vernünftigerweise zu erwarten ist, dass sie zu jedermanns Vorteil dienen, und (b) sie mit Positionen und Ämtern verbunden sind, die jedem offen stehen."[15]

Rawls benennt selbst gleich die Problematik der Auslegung des Grundsatzes, enthält er doch Mehrdeutigkeiten, die einen großen Interpretationsspielraum lassen.

---

[13] Frühbauer (2007, vgl. S. 46-51)
[14] Kersting (2001, S. 77)
[15] Rawls (1994, S. 81)

Durch „jedermanns Vorteil" und „jedem offenstehend" ergeben sich nun vier Deutungsmöglichkeiten.

Diese Deutungen bezeichnet Rawls als:

1. System der natürlichen Freiheiten
2. Liberale Gleichheit
3. Natürliche Aristokratie
4. Demokratische Gleichheit

Er selbst favorisiert die demokratische Gleichheit.[16]

Die Deutung als demokratische Gleichheit resultiert „aus dem Prinzip der fairen Chancengleichheit zusammen mit dem Unterschiedsprinzip."[17] Daraus ergibt sich, Institutionen zugrunde gelegt, wie sie von der gleichen Freiheit für alle und der fairen Chancengleichheit gefordert werden, dass die besseren Aussichten der Begünstigten nur dann gerecht sind, wenn es auch die Aussichten der am wenigsten begünstigten Mitglieder der Gesellschaft verbessert.[18] Rawls versteht unter einer Institution ein öffentliches Regelsystem, welches Ämter und Positionen mit ihren Rechten und Pflichten bestimmt.

Damit aber die Aussage „zu jedermanns Vorteil" zutrifft, muss Rawls zusätzlich einen Verkettungseffekt unterstellen.[19] Rawls nimmt also an, dass eine Verbesserung der Aussichten der Begünstigten die Aussichten der am wenigsten Begünstigten verbessert, aber dadurch auch die, der sich dazwischen befindlichen Beteiligten. „Wenn etwa die besseren Aussichten der Unternehmer dem ungelernten Arbeiter Vorteile bringen, so auch dem angelernten."[20]

---

[16] Rawls (1994, vgl. S.86)
[17] Rawls (1994, S. 95)
[18] Rawls (1994, vgl. S.96)
[19] Kersting (2001, vgl. S, 77)
[20] Rawls (1994, S. 101)

3.3. Rawls´ Gerechtigkeitsprinzip und das bedingungslose Grundeinkommen

Laut Tillmann wäre es weniger wichtig, sich den Urzustand als eine Ansammlung von Personen vorzustellen, sondern es könnte jeder rational denkende Mensch, ohne Kenntnis seiner Identität, diesen Prozess auch allein nachvollziehen.[21] Natürlich ist dies nicht möglich, denn jedem Menschen ist seine Identität bekannt. Dennoch ist es möglich, seine Bedürfnisse in der Debatte weitestgehend außen vor zu lassen und sich mit dem Gedankenexperiment auseinander zu setzen, also seine Identität für dieses zu vergessen. Dies ist Voraussetzung für die Erarbeitung des Konzepts für ein BGE.

Es wäre nun anzunehmen, dadurch dass alle Menschen mit Erstwohnsitz in Deutschland das BGE erhalten, keine Gerechtigkeit im Sinne Rawls´ herrschen würde, da es nicht primär die Aussichten der am wenigsten Begünstigten maximiert. Durch die erhöhte Belastung von Kapital, Vermögen und hohem Einkommen wäre jedoch die Erhöhung des Lebensstandards für die am wenigsten Begünstigten signifikanter, als die der Privilegierten. Hiernach würde also eine Güterumverteilung durch das Grundeinkommen erfolgen, auch wenn die Existenzsicherung im Vordergrund steht, wodurch der erste Teil des Differenzprinzips nur bedingt das BGE legitimiert, da einzig die Intention der Einführung des BGE eine andere ist, an der Umsetzung dessen jedoch nichts verändert.

Im Weiteren ist zu prüfen, inwieweit der zweite Teil des Differenzprinzips, wonach jedem Positionen und Ämter offenstehen, also Chancengleichheit gewährt werden muss, zur Begründung des BGE herangezogen werden kann. Mit der Einführung dessen würde die Chancengleichheit erhöht werden und somit die individuellen Lebenschancen der am wenigsten Begünstigten maximiert werden. Durch einen leichteren Zugang zu Bildung und Teilhabe ist das Ausleben der Begabung eher möglich und wird nicht durch soziale Herkunft beschnitten. Rawls sagt dazu, dass unverdiente Ungleichheit, wie zum Beispiel Geburt oder natürliche Gaben, ausgeglichen werden sollen. So könnten für die Bildung der weniger Begabten mehr finanzielle Mittel zur Verfügung gestellt werden, als für die der Begabten.[22] Somit kann der zweite Teil des Differenzprinzips in vollem Umfang zur Begründung des BGE herangezogen werden.

---

[21] Thillmann (2012, vgl. S. 49)
[22] Rawls (1994, vgl. S. 121)

4. Auswirkungen auf die Soziale Arbeit durch die Einführung des BGE

Die Auswirkungen auf die Arbeit von Sozialarbeitern würden teilweise gravierend sein. In vielen Bereichen, wie zum Beispiel der SPFH (sozialpädagogische Familienhilfe), könnten durch den Wegfall von Druck und Existenzangst der Betroffenen wieder mehr Ressourcen aktiviert und der Fokus auf den tatsächlichen Förderbedarf der Familien gelegt werden, statt lediglich auf das Finden von Lösungen, die versuchen den Spagat zwischen Existenzsicherung und familiärer Fürsorge möglich zu machen. Durch den enormen bürokratischen Aufwand für die Beschaffung von finanziellen Mitteln, um Bildung und Teilhabe zu ermöglichen, müssen Sozialarbeiter häufig ihre eigentliche Arbeit vernachlässigen.

4.1. Im Spannungsfeld zwischen Sozialer Arbeit, Klient und Finanzier

„Die Kinder der Familie würden sehr gern in einen Sportverein gehen. Als Sozialarbeiter in der SPFH möchte ich diesem Wunsch entsprechen, sehe ich doch die Vorteile für die Entwicklung der Kinder. Die Eltern, beide mit Migrationshintergrund, beziehen staatliche Transferleistungen. Eine Finanzierung der Vereinsmitgliedschaft über das monatliche Einkommen der Eltern ist also nicht möglich. Ebenfalls kommt in diesem Jahr eines der Kinder in die Schule. Um dem Kind nicht die Freude an diesem Tag zu nehmen, müssen auch hierfür Gelder und Sachleistungen organisiert werden. Ich habe derzeit 20 Stunden im Monat in der Familie vom Jugendamt genehmigt bekommen. Helfe ich also jetzt der Familie bei der Anmeldung in der Schule, bei der Beantragung aller Hilfen für die Einschulung und auch den Sportverein, vielleicht noch bei der Organisation der Feier, damit das Kind nicht bereits am ersten Tag ausgegrenzt wird, habe ich keine Stunde mehr übrig, um der Einladung zur Feier nachzukommen. Also mache ich es in meiner Freizeit. Denn genau solche Dinge stärken die Verbindung zwischen der Familie und mir und erleichtern mir in der Folge die Arbeit. Mir kommt es so vor, als wenn immer mehr gespart wird an der SPFH. Lieber werden die Kinder dann aus der Familie rausgenommen. Das bringt mehr Geld. Und für uns heißt das, um auf meine 40 Stunden Arbeit in der Woche zu kommen, muss ich mittlerweile 12 Familien betreuen, wo ich vorher nur 3-4 hatte."[23]

Das Interview mit einer Mitarbeiterin der SPFH in unserem Jugendhilfeverbund zeigt auf, dass der Druck größer geworden ist.

Der Anspruch an Qualität wird höher und immer mehr Richtlinien halten dazu an, die Arbeit in einem Ausmaß zu dokumentieren, so dass in der vorgegebenen Zeit nur noch wenig Platz für die eigentliche Arbeit mit den Klienten bleibt. Ebenso verhält es sich mit dem hohen Aufwand bei der Antragstellung auf finanzielle Unterstützung. Im Gegenzug werden von den Finanzträgern weniger Arbeitsstunden genehmigt.

Hier könnte das BGE Abhilfe schaffen. Die Grundelemente des BGE entsprechen in etwa den Grundwerten und ethischen Aspekten der Sozialen Arbeit. Das Arbeitsfeld würde sich, von der heute immer noch vorwiegend helfenden Tätigkeit, in Richtung einer fördernden und präventiven Tätigkeit bewegen.

Durch den Wegfall von bürokratischen Hürden und die Konzentration auf die Anleitung zu einem besseren Leben und nicht der Finanzierbarkeit dessen, würden Freiräume entstehen, die zur konkreten Förderung des Individuums genutzt werden könnten. Ebenfalls könnte, durch den Wegfall von Leistungsdruck und Existenzangst, eine Fokussierung auf den tatsächlichen Bedarf gelenkt werden. Viel zu oft wird alle Kraft auf die Abwendung oder Bekämpfung der Armut gelegt, was jedoch nicht zwingend zu einer Verbesserung der Lebensumstände führt.

---

[23] Interview mit Marina W., 15.12.2017

5. Fazit

Ist das BGE also nun gerecht?

Die Arbeitswelt wird sich in den nächsten Jahren drastisch ändern. Die Automatisierung von Arbeitsprozessen, die Entwicklung von künstlicher Intelligenz und die sinkende Nachfrage nach bestimmten Produkten und Dienstleistungen macht es nötig, über das bestehende System nachzudenken. Hier bietet das Gedankenexperiment von Rawls eine gute Basis, um sich für Neues zu öffnen, auch wenn niemand seine Herkunft und seinen Stand komplett vergessen kann. Natürlich muss nicht jeder Bürger dieses durchlaufen, ist doch nicht jeder kognitiv dazu in der Lage, dennoch kann sich ein annähernd perfektes Konzept dann bilden, wenn Menschen aus verschiedenen Schichten daran teilnehmen.

Die „BAG in und bei der Partei DIE LINKE" hat ein Konzept erarbeitet, welches, mit Rawls´ Differenzprinzip betrachtet, als gerecht angesehen werden kann. Es ermöglicht die im zweiten Teil des Differenzprinzips geforderte Chancengleichheit, indem Bildung wieder kostenlos zur Verfügung gestellt wird und dadurch jeder, unabhängig seiner Herkunft, den Abschluss oder den Beruf erreichen kann, welcher seinen Präferenzen entspricht. Ebenfalls erfolgt durch ein neues Steuersystem die soziale und wirtschaftliche Ungleichheit, welche das Einkommen der am wenigsten Begünstigten, gerechnet an ihrem derzeitigen Lebensstandard, am meisten maximiert.

Aber empfinden die Menschen das BGE auch subjektiv als gerecht? In der derzeitigen Diskussion ist vor allem das Argument vorherrschend, dass es dadurch keinen Anreiz mehr zur Arbeit gäbe, wodurch die arbeitende Bevölkerung es als ungerecht empfinden könnte, würden sie doch weiter einer Lohnarbeit nachgehen.

Vielleicht liegt also der Schlüssel zum Erfolg des BGE nicht vorrangig in der Frage nach Gerechtigkeit, sondern in Veränderung des Begriffs der Arbeit und der Frage danach, ob es dienlich sei, sich in unserer Gesellschaft einzig über Arbeitsleistung definiert zu sehen?

Für die Soziale Arbeit läge der Vorteil des BGE vor allem darin, dass die Arbeit an der Verbesserung des Lebens der Klienten in den Vordergrund rücken würde, und nicht nur in der Verbesserung der finanziellen Situation.

Literatur

Beer, A. (15.12.2017). *Das Mehrfachmandat - Auswirkungen auf die Arbeit mit den Klienten in der SPFH. Interview mit* Marina W. Eisenach.

Blaschke, R., Otto, A. & Schepers, N. Grundeinkommen: Geschichte - Modelle - Debatten. Berlin: Karl Dietz.

Burian, P. (2006). Das garantierte Grundeinkommen - Grundlagen und Entstehung einer Idee von der Antike bis zum Beginn des 20. Jahrhunderts. Diplomarbeit. Leipzig: Universität Leipzig, Soziologie.

Frühbauer, J. J. (2007). John Rawls´ >Theorie der Gerechtigkeit<. Darmstadt: Wisschenschaftliche Buchgesellschaft.

Kersting, W. (2001). John Rawls: zur Einführung (1. Auflage). Hamburg: Junius.

Netzwerk Grundeinkommen. Die Idee. Verfügbar unter: https://www.grundeinkommen.de/die-idee [12.12.2017].

Rawls, J. (1994). Eine Theorie der Gerechtigkeit (8. Auflage). Frankfurt am Main: Suhrkamp.

Thillmann, F. (2012). Teilen statt Zuteilen: John Rawls und die Begründung eines relativen Grundeinkommens. Leipzig: Ille & Riemer.

Wolf, S. & Blaschke, R. (2016). Unser Konzept eines bedingungslosen Grundeinkommens: finanzierbar - emanzipatorisch - gemeinwohlfördernd (4. Auflage). Bundesarbeitsgemeinschaft Grundeinkommen in und bei der Partei DIE LINKE. Verfügbar unter: https://www.die-linke-grundeinkommen.de/fileadmin/lcmsbaggrundeinkommen/PDF/BAG_Brosch2016.pdf [12.12.2017].

BEI GRIN MACHT SICH IHR WISSEN BEZAHLT

- Wir veröffentlichen Ihre Hausarbeit,
  Bachelor- und Masterarbeit

- Ihr eigenes eBook und Buch -
  weltweit in allen wichtigen Shops

- Verdienen Sie an jedem Verkauf

Jetzt bei www.GRIN.com hochladen
und kostenlos publizieren

Ingram Content Group UK Ltd.
Milton Keynes UK
UKHW031835150523
421780UK00009B/51